Inhalt

Frauen & Karriere

Kernthesen

Beitrag

Fallbeispiele

Weiterführende Literatur

Impressum

GENIOS WirtschaftsWissen Nr. 04/2004 vom 05.04.2004

Frauen & Karriere

M.Reiner

Kernthesen

- Trotz außerordentlicher Ausbildung und guter Eignung schaffen nur wenige Frauen den Sprung in das Top-Management eines Großunternehmens. (1), (7)
- Undifferenzierte Karriereplanungen und eine schlechte Selbstvermarktung zählen zu den Gründen, weshalb Frauen im Gegensatz zu ihren männlichen Kollegen oft das Nachsehen haben. (8), (9)
- Als Alternative nehmen immer mehr Frauen den Weg in die Selbständigkeit und fördern das weibliche Unternehmertum in Deutschland, welches sich zu einer bedeutenden ökonomischen Größe entwickelt. (2). (6), (11). (12)

Beitrag

Da trotz hoch qualifizierter Ausbildung weiblichen Angestellten der Weg in die obersten Führungsebenen größtenteils verschlossen bleibt, wählen immer mehr Frauen den Weg in die Selbständigkeit. Inzwischen sind weibliche Unternehmerinnen zu einer wichtigen Größe für die Volkswirtschaft geworden.

Vom mittleren Management in die Top-Etagen

Entsprechend Umfragen der Hans-Boeckler Stiftung und des Deutschen Gewerkschaftsbundes bestreiten Frauen in den Führungspositionen deutscher Unternehmen einen Anteil von rund 16 Prozent. Doch nur 6 Prozent schaffen es in das Top-Management der Großunternehmen. (1), (8), (14)

Um die Weichen für den Weg in die obersten Führungsebenen zu stellen, ist eine sorgfältige Karriereplanung deshalb umso notwendiger.

Karriereplanung

Berufswahl

Nicht alle Wege führen nach Rom. Viele Frauen wählen Berufe in den Sparten Personal, Presse oder Marketing. Für den Aufstieg sind jedoch häufig nachweisbare Kernkompetenzen in den Bereichen Vertrieb, Einkauf und Produktion die besseren Alternativen. (8)

Selbstvermarktung und Misserfolgstoleranz

Anstatt sich von der besten Seite zu präsentieren und auf sich aufmerksam zu machen, bleiben viele Frauen im Hintergrund und strafen sich bei Misserfolgen mit Selbstkritik. Die Gefahr, aufgrund von bescheidenem Selbstmarketing bei einer Beförderung übersehen zu werden, erhöht sich dadurch um ein Vielfaches. (8)

Familie

Familie und Beruf unter einen Hut zu bringen ist bekanntermaßen mit großen Schwierigkeiten verbunden. Dennoch haben viele Frauen bewiesen, dass eine Karriere neben der Familiengründung möglich ist. Bevor eine Frau in den Mutterschaftsurlaub geht, sollte sie mit ihrem Vorgesetzten die Aufgaben und das Weiterkommen nach der Rückkehr durchsprechen und Möglichkeiten nutzen, sich während der Babypause weiter zu bilden. (8), (9)

Netzwerke schaffen

Ein gutes Beziehungsmanagement hilft der Karriere auf die Sprünge. Inzwischen existieren zahlreiche Netzwerke für Frauen, die sich durch gegenseitigen Kontakt- und Wissensaustausch helfen. (5), (6), (8), (10), (13)

Alternative: Selbständigkeit (12)

Anstatt in Großunternehmen den steinigen Weg in die Top-Etagen zu gehen, erkennen immer mehr Frauen für sich als Alternative die Selbständigkeit. Jede fünfte Firma wird heutzutage von einer Frau geführt. In den Jahren 1991 bis 2002 ist der Anteil der weiblichen Selbständigen in Deutschland um 30 Prozent auf über eine Milliarde gestiegen. Für die Volkswirtschaft ist weibliches Unternehmertum ein Gewinn: Mit ihren Firmengründungen sorgen die Frauen für ca. 1,9 Millionen Arbeitsplätze in Deutschland. (2), (12)

Offene Fragen

Untersuchungen belegen, dass der Anteil von Frauen bei Großunternehmen in den höchsten Führungsebenen mit unter zehn Prozent alarmierend gering ist. Umso mehr richtet sich das Augenmerk auf den verheißungsvollen Trend, dass immer mehr Frauen in die Selbstständigkeit gehen und inzwischen 20 Prozent der mittelständischen Unternehmen leiten. Doch was als Patentlösung erscheint, lenkt vom eigentlichen Problem ab: Deutschland ist noch weit entfernt, veraltete Denkstrukturen und männlich geprägte Führungsleitbilder gegen moderne Strukturen auszutauschen. (14)
Abgesehen davon, dass anscheinend keine Untersuchungen beleuchten, ob die Frauen in aller Radikalität auch bereit sind, ihr Leben größtenteils der Karriere widmen, stellt sich die Frage, ob sie sich tatsächlich mit männlichen Attributen ausstatten

sollten, um ihre Ziele zu erreichen? Wäre es nicht sinnvoller, anstatt z.B. nach männlichem Vorbild die Selbstvermarktung zu erproben, die eigenen Stärken zu nutzen und auszuspielen: soziale und emotionale Kompetenz werden in den Top-Etagen nämlich ebenso benötigt wie eine offensive Unternehmerpolitik.

Fallbeispiele

Wie Frauen mit dem Spagat zwischen Familie und Beruf umgehen und welche Maßnahmen ihre Situation verbessern würden, berichtet der Spiegel anhand von unterschiedlichen Erfahrungsberichten erfolgreicher Frauen in Deutschland. (9)

Entsprechend den Ergebnissen einer Studie der Universität Lüneburg aus dem Jahr 2003, haben Frauen nur dann ähnliche Aufstiegschancen wie ihre männlichen Kollegen, wenn sie überdurchschnittliche Examensleistungen und eine kurze Studiendauer aufweisen. (1)

Net4Success heißt die Initiative der drei Gründerinnen Ulla Reisch (Partnerin der Kanzlei

Urbanek Lind Schmied Reisch Rechtsanwälte OEG), Alexandra Gürtler (Geschäftsführerin der Hotel Sacher GmbH) und Beater Sumper (Rechtsanwältin der Kanzlei Kainz-Wexberg). Ziel der Initiative, zu der namhafte Frauen aus den unterschiedlichsten Branchen gehören, ist die wechselseitige Unterstützung auf beruflicher und persönlicher Ebene. Als Voraussetzung für eine Mitgliedschaft zählt die Bereitschaft, vorhandene Kontakte in das Netzwerk einzubringen und Erfahrungen und Know-How weiter zu vermitteln. Regelmäßige Treffen und Gespräche mit Menschen aus Politik, Wirtschaft und Kultur sind Bestandteil des Konzepts, um den Frauen zu helfen, sich selbst zum Erfolg zu verhelfen. (6)

Je höher die Berufsfunktion, desto geringer der Anteil an Frauen. Dies belegt der Bericht "Frauen und Gremien" des hessischen Sozialministeriums, basierend auf einer Umfrage unter den obersten Landesbehörden. Im Durchschnitt beträgt der Anteil von Frauen in Gremien rund 18,4 Prozent. In Aufsichtsräten mit Vertretungen aus Landesregierungen schwindet der Anteil auf 0,3 Prozent. (7)

Laut Angaben von USA Today sind von den Unternehmen der Fortune 500-Liste insgesamt acht Frauen mit einem erwirtschafteten Gewinn von 52 Prozent vertreten. Dieser liegt 25 Prozent über dem

Durchschnitt. (4)

Vorbildkarrieren wie die von Christine Licci (Leitung Citibank Privatkunden) sind selten. Nach Expertenmeinungen sind folgende Komponenten wichtig, damit der Sprung ins Top-Management gelingt (8):
- Offensive Vermarktung der eigenen Talente
- Eindeutige Bekennung zur Karriere
- Erfahrung in Kerngeschäften wie Vertrieb, Einkauf oder Produktion
- Weniger Selbstkritik und eine größere Misserfolgstoleranz
- Risikofreude

Eine Umsatzsteigerung von 20 Prozent konnte Sabine Herm, Inhaberin eines Fotostudios, durch ihre Mitgliedschaft beim Womans Business Club verzeichnen. Als Teil des Netzwerks erhält die Fotografin jeden fünften Auftrag von einem der Clubmitglieder. Für die Aufnahme in den Club wird eine Gebühr von EUR 500 Euro erhoben sowie ein ein monatlicher Mitgliedsbeitrag von EUR 130. (13)

Weil Networking ein Schlüssel zum Erfolg ist, schließen sich immer mehr Frauen zusammen, um voneinander zu profitieren und zu lernen: Das WirtschaftsBlatt stellt knapp und bündig drei Netzwerke vor, die sich an Frauen unterschiedlichster

Branchen richten. (5)

Weiterführende Literatur

(1) Kiewitt, Anja; Frauen sollten Karrierepläne frühzeitig abstimmen, Deutsche Verkehrs-Zeitung, Nr. 017 vom 12.02.2004
aus Frankfurter Rundschau v. 14.01.2004, S.17, Ausgabe: S Stadt

(2) DER MITTELSTAND IN DEUTSCHLAND TITEL: Das neue Gesicht des Mittelstands - Frauen, Internationalität, Ethik: Exklusiv-Studie über die wichtigsten Trends im Unternehmertum / EXKLUSIV-STUDIE / Unternehmertum in Deutschland ist weiblicher geworden. In Finanzfragen professioneller. Und insgesamt vorsichtiger als noch vor zwei Jahren. Das belegt die neue Studie 'MIND - Mittelstand in Deutschland'. Die exklusive impulse-Umfrage blickt ins Herz der Firmenchefs und -chefinnen.
aus Impulse vom 01.04.2004, Seite 14

(3) Swifka, Sabrina; In Skandinavien funktioniert die Gleichstellung, Kölner Stadtanzeiger vom 16.03.2004
aus Impulse vom 01.04.2004, Seite 14

(4) Fortune 500: Chefinnen besser
aus WirtschaftsBlatt, 17.01.2004, Nr. 2035, S. 127

(5) Weitere Netzwerke für Frauen in der Wirtschaft

aus WirtschaftsBlatt, 09.03.2004, Nr. 2071, S. 120

(6) Frauen-Power im Kommen: Ein Netz für Erfolgreiche (1) Die Initiative ging von Beate Sumper, Ulla Reisch und Alexandra Gürtler aus (v.li.) - mittlerweile zählt das exklusive Netzwerk fernab aller Klischees 58 Mitglieder - durchwegs erfolgreiche Manager- und Unternehmerinnen
aus WirtschaftsBlatt, 09.03.2004, Nr. 2071, S. 120,21

(7) Männer kleben an der Macht Studie des Sozialministeriums: Geringer weiblicher Anteil in hohen Funktionen
aus Frankfurter Rundschau v. 24.01.2004, S.35, Ausgabe: S Stadt

(8) Mehr Mut zur Macht Viele Frauen schaffen es ins mittlere Management, in die Top-Etagen bisher nur wenige. Der Start im richtigen Bereich und der Wille zur Karriere beschleunigen den Aufstieg.
aus Capital vom 08.01.2004, Seite 70

(9) "Wie schafft ihr das bloß?"
aus Der Spiegel, 05.01.2004, Nr. 2, Seite 49

(10) TICKER-MELDUNG
aus werben & verkaufen Nr. 12 vom 19.03.2004 Seite 045

(11) Firmenchefs sind zu unbeweglich geworden
TITEL: Das neue Gesicht des Mittelstands - Frauen, Internationalität, Ethik: Exklusiv-Studie über die

wichtigsten Trends im Unternehmertum / Zu viele Unternehmer klagen über schwache Konjunktur und schlechte Rahmenbedingungen. Wer Erfolg haben will, muss selbst etwas dafür tun, sagt DIHK-Chef Georg Ludwig Braun.
aus Impulse vom 01.04.2004, Seite 22

(12) O. V.; Weibliche Erfolgsstrategien, Stuttgarter Zeitung vom 28.02.2004, Seite 5
aus Impulse vom 01.04.2004, Seite 22

(13) Kontakte nutzen Mit den richtigen Ansprechpartnern starten Gründer schneller. Die wichtigsten Adressen für Ihre Firma.
aus Impulse vom 01.04.2004, Seite 92

(14) Die Karriere - nur grammatikalisch weiblich Arbeitgeberverband wirbt für mehr Kaderfrauen
aus Neue Zürcher Zeitung, 16.01.2004, Nr. 12, S. 13

Impressum

Frauen & Karriere

Bibliografische Information der deutschen Nationalbibliothek

Die Deutsche Nationalbibliothek verzeichnet diese Publikation in der deutschen Nationalbibliografie; detaillierte bibliografische Daten sind im Internet über http://dnb.d-nb.de abrufbar.

ISBN: 978-3-7379-0878-8

© 2015 GBI-Genios Deutsche Wirtschaftsdatenbank GmbH, Freischützstraße 96, 81927 München, www.genios.de

Alle Rechte vorbehalten. Dieses Werk ist einschließlich aller seiner Teile – z.B. Texte, Tabellen und Grafiken - urheberrechtlich geschützt. Jede Verwertung außerhalb der Grenzen des Urheberrechtsgesetzes bedarf der vorherigen Zustimmung des Verlags. Dies gilt insbesondere auch für auszugsweise Nachdrucke, fotomechanische Vervielfältigungen (Fotokopie/Mikroskopie), Übersetzungen, Auswertungen durch Datenbanken oder ähnliche Einrichtungen und die Einspeicherung und Verarbeitung in elektronischen Systemen.